JN438292

諷詩調詩集 · 51

풍諷계戒집集 · 18

박진환 제69시집

지성 · 감성의 메타언어
조선문학시인선 · 387

諷詩調詩集 · 51

풍諷계戒집集 · 18

조선문학사

■ 책머리에

풍시조(諷詩調)는 간결 · 명료 · 함축을 중시하는 미니멀리즘의 미학이다.

2014년 初夏

박 진 환

박진환 제69시집 / 諷詩調詩集 · 51

풍諷계戒집集 · 18

차례

정치마약 중독 같거든

'죽음의 키스에 빠져있는 셈'이란 '제왕적 대통령제'에 대한 비판
미국 대통령제 수입이 자초한 우리 정치현실 두고 한 말
헌데 틀린 것 같아서, '죽음의 키스' 아닌 정치마약 중독 같거든

봉사 취급을 하니

국가안전처 신설을 두고 '관피아 이익만 키울 것'이란 시각
세상의 눈들, 곁눈질에 넘보기 · 훔쳐보기 · 째려보기 일쑤인데
제대로 뜬 감시의 시각, 눈 무서운줄 알아야 하는데 봉사 취급을 하니

참 삶의 교훈

세월호 참사 비극만이 아닌 참 삶의 귀한 교훈 남겼어
너 죽고 나 살자는 시대에 남을 위해 나를 희생한 이타정신
비겁한 삶과 의로운 죽음, 죽음으로써 삶을 건져올린 참 삶의 교훈

혼불이다

촛불로 사랑의 아픔이나 고독, 그리고 노독이나 달래는 시절은 지났다
지금은 스스로를 태워 빛을 발하는 촛불처럼 양심·정의·희망·
용기를 기름삼아 불의와 어둠에 맞서 밝힌 정혼의혼의 혼불이다

※ 정혼의혼(正魂義魂) : 일종의 조어로서 정의를 위해 죽은 이의 혼이란 뜻이니 정의와 의를 위해 밝힌 혼불에 빗대인 말.

편한 삶 살았으면

국민 81%가 심각한 문제로 받아들이면 심각차원 아닌 위기차원
초미지급 아닐지라도 생명위협 포위망으로 좁혀오는 기후변화
죽어 천당보다 살아 숨 쉬는 편한 삶 살았으면

※ 초미지급(焦眉之急) : 눈썹에 불이 붙음과 같이 급하다 함이니 위급을 뜻함.

밤이 낮보다 밝게

세계 21개 주요도시 중 서울이 가장 밝은 밤을 모르는 도시라데
대낮에도 부정 · 부패 · 부조리 · 불만 불행으로 짙은 어둠뿐인데
불자 돌림마다 등불이 됐나, 밤이 낮보다 밝게

아닐지

유병언 일가 도피두고 종교 뒤에 숨었다고 하던데, 글쎄
한 일은 탈세 · 축재 · 사욕뿐 벼슬한 적 없으니 공정신퇴는 아닐테고
혹여, 하느님의 계시 있어 미리 알고 견기고도 함이나 아닐지

※ 공성신퇴(攻成身退) : 공을 이루고 물러남을 뜻함.

※견기고도(見機高蹈) : 낌새를 알고 은거함.

클레오파트라의 코

미·일 동짜기가 만들어낸 합작품 일 집단자위권
신명난 아베, 오바마 코보다 콧대 높아지고
높아진 것관 반대로 납작코 못 면한 코리아의 클레오파트라의 코

석양사로 맞겠네

KBS 길사장, 대통령 뜻이라며 보도국장 사퇴 종용 했다던데
저런, 어쩌다 길사장이 길 잘못 들어서는 헛발질 했나
종일 수고로이 발걸음 재촉 안해도 석양사로 맞겠네

※ 석양사로(夕陽斜路) : 저물녘에 맞는 노을 비낀 길.

눈물로는 못 막을 듯

KBS 길사장 눈물 흘리며 함께 살자 했다던데
세월호 참사 책임론이 그러하듯 보도국장, 보도본부장,
부장단까지 줄사표 내면 사표도미노 눈물로는 못 막을 듯

나랏님의 눈물은?

나랏님도, 공영방송 사장님도 눈물 흘리셨다던데
사장의 눈물은 고신원루 될 수 있어 오래오래 흘리겠지만
나랏님의 눈물은? 눈물보다 빨리 마르는 것은 없다던데

※ 고신원루(孤臣冤淚) : 임금님의 사랑을 잃게된 외로운 신하의 눈물이란 뜻.

더 모를 테니

승객 뒤로 하고 세월호 탈출한 선장·선원 탓하기 전
스스로를 한번쯤 돌아봤으면, 그럴 경우 당신은 어떠했겠는가?
안 당해봐서 모른다고? 그렇겠지, 당해보면 더 모를 테니

제대로 될지

신주어가 되어버린 관피아 입살에도
또 대선캠프 출신 방통심의위원장 내정 두고 철회요구 빗발쳐
이런 와중에도 낙하산 관피아라니 국가 개조인들 제대로 될지?

말이거든

신자유주의에 밀려 설자리를 잃어버린 정신 덕목들
허긴 물신에 길들여진 시대에 정신 앞세우면 정신 나간거지
정신일도하사불성은 신자유주의가 없었던 시대의 말이거든

※ 정신일도하사불성(精神一到何事不成) : 정신을 가다듬어 힘쓰면 무슨 일인들 이루지 못하랴 라는 주희(朱熹)의 말.

그런 말은 못 들어서

창조도 1년새 한물가고 지금은 개조시대
개조란 조직개편이나 기구개혁 등일 듯싶은데, 글쎄
정신개조가 먼저거나 병행해야 할 듯싶은데 그런 말은 못 들어서

그 맥이 아니던가

혈연 · 지연 · 학연 · 인연과 같은 연은 구식
지금은 혈맥 · 지맥 · 학맥 · 인맥과 같은 맥으로 통하거든
맥이 곧 피, 관피아의 피도 그 맥이 아니던가

즐기며 산다

공자의 삼락중 제자를 두었으니 어찌 복이 아니겠는가
스승의 날을 맞아 선물에 봉투에 배터지게 받았다
받고 준 것이라곤 미안함뿐, 미안함도 나눔으로 알고 즐기며 산다

귀향기 · 1

10여 년 만에 고향을 찾아 버리고 온 추억 몇 개를 주워왔다
깨물어 맛보던 사향 몇 알이 환약으로 삼켜졌다
평생 앓아온 불효란 소환, 도진 가슴엣병이 달디 달았다

귀향기 · 2

평생 어머니가 젖으시던 빗속을 우산 없이 걸었다
아직 적실 수 있는 가슴이 있다는 행복은
어머니가 주고가신 유산목록 1호가 아니던가

귀향기 · 3

예전의 높이들이 낮아져 내려앉고 크기도 줄어들어 작아졌다
세월의 비만증 환자가 척도 하는 저시력의 착시
낮아진 높이와 줄어든 크기는 눈만 커서 돌아온 백목 탓이구나

헌데 고추란게?

미국의 동남아 성형수술에 일 아베 콧대 높아지고
성형수술 실수로 납작코 신세 못 면한 코리아
코만 크면 뭘 하나, 작은 고추가 더 매운걸, 헌데 고추란게?

이웃 있어서

내놓고 즐기는 미·일 밀월에 한·중 조심스런 밀착 접근
이해관계 밀월관 달리 역사연대 밀착은 견고한 뿌리
헌데 어쩐다, 새판짜기에 끼이지 못한 이웃 있어서

헌판만 못할 수도

나랏님은 국가개조론 내세워 새판 짜실 모양인데
새판 짜면 관피아만 양산할 것이란 지적 있어서
그리되면 안 짜니만 못한 새판, 헌판만 못할 수도

약이 될지? 병이 될지?

세월이 가면 세월호 참사도 세월 약 삼겠지만
민심이반 세월에 동행하면 발길 되돌릴 수 없을 듯
세월이란 역행할 순 없는 법, 세월이 약이 될지? 병이 될지?

앵무새라니

청영방송에 종박뉴스, KBS에 먹칠한 먹물이다
먹은 흑과 통하니, 어찌 뉴스인들 검지 않았겠는가
흰 것도 검다할 수밖에 없었던 까마귀만도 못한 앵무새라니

피를 빨았으니 그렇지

대형 공기업 임원 3분의 1이 관피아

관피란게 관이 수혈한 피란 뜻과 함께 관폐로도 볼 수 있어서

공기업 달리 적자였겠나, 한핏줄, 한통속으로 피를 빨았으니 그렇지

이것도 나라인가?

'이것도 나라인가?'란 설의 속엔 '국가란 무엇인가?'란 설의도 포함

영토, 국민, 주권의 3요소 갖춰야 국가인데 영토는 분단되고

국민은 외면되고, 주권은 관피아가 쥐고 있으니 '이것도 나라인가?'

새도 있어서

'앵무새는 말 잘해도 나는 새다'는 우리 속담 풀이하면
말만 잘했지 실행이 따르지 않음을 핀잔하는 말
따라 흉내만 하는 앵무새에 날기는커녕 벙어리 못면한 새도 있어서

울며 돌아서는 길

KBS 기자협 길사장 출근길 막아 출근저지 방침
길사장이니 길이야 어딘들 없겠나만 출근길마저 막히면
길은 하나, 발길 돌려 울며 돌아서는 길

종신지질을

관료병에 빠진 행정부

우왕좌왕·갈팡질팡·허둥지둥·오락가락 증세 악화 드러내

어쩐다, 동의보감에도 처방전이 없는 종신지질을

※ 종신지질(終身之疾) : 평생 고칠 수 없는 병.

까마귀 신세 됐어

북녘 김정은 제1비서 애인이었던 현송월 공개처형 뉴스
퍼스트레이디 리설주 추문과 함께 세계적 귀 즐겁게 해주더니
웬걸, 멀쩡히 살아 TV 등장에 앵무새 언론, 먹칠한 까마귀 신세 됐어

1인 통친들 면할 수 있겠나

고집일까? 뭘 모르는 걸까? 그도 아니면 오기일까?
방통심위원장 내정 놓고 또 낙하산 인사라고 여론 빗발치던데
이러다 관피아 세상 못 면하면 1인 통친들 면할 수 있겠나

양두구육과 같은

신자유주의에 밀려 민주고 창조고 뒷전이 됐지만 진짜 뒷전엔
전쟁과 가난을 예비하라는 마키아벨리즘의 통치술이 숨어있다
양두구육과 같은

※ 양두구육(羊頭狗肉) : 양대가리를 걸어놓고 개고기를 판다는 뜻으로 겉보기만 그럴듯하게 꾸미고 속은 음흉한 딴생각이 있음을 이르는 말.

축하 위한 나들이라니

UAE에 건설중인 원전 1호기는 세계무대에 데뷔하는 코리아의 쾌거

대통령 나들이 자축 위한 행보일까? 계산된 층계오름 행보일까?

가던 길도 되돌아와야 할 근조의 이 와중에 축하 위한 나들이라니

안 오르겠나

대선 때 구호는 공영인데 집권 후엔 청영
방송장악 의도 없다완 달리 방송 개입으로 정권홍보 방송화
허니 어찌 종박방송, 청영방송이란 말 衆口에 안 오르겠나

현우지

현자는 원인을 토론하고 우자는 원인을 속단 한다던데
내 탓이면 현자, 네 탓이면 우자가 되는 이치
네탓 네탓, 제탓 제탓 둘 다면 어짐과 어리석음의 賢愚지

자승자박 자초란 평

박대통령 대선공약 지키기는커녕 되레 마피아만 더 생산
공공기관 낙하산·회전문 인사가 10명중 3명으로 관피아가 1/3
상명하복에 길들여진 관료로 울타리쳤으니 자승자박 자초란 평

이러하지 않던가

다원화된 민주주의 1인 통치 시스템으로 원활 기하기 어려워
헌데도 나랏님은 권력분산은커녕 청와대를 울타리 삼았으니
결과는 되레 울타리에 갇힌 꼴, 자승자박이 이러하지 않던가

3지

부정 · 부패 · 부조리 · 부실에 불평 · 불만 · 불통까지
부자 돌림병 창궐한 코리아, 종신지질 안 될지
국가개조 한다니 치유 실현 될지, 실현불가의 현실 될지

고쳐질 수 있을지

국가개조 전에 대통령 개조가 선행돼야 한다는 주문이던데
글쎄, 스스로의 개조 없이 과거 잘못 개조할 수 있을까
신도 과거는 개혁할 수 없다던데 죄송과 제탓으로 고쳐질 수 있을지

몇 방울 흘린 눈물인데

여자의 눈물은 믿지마라; 여자의 눈물에 속지마라; 전자는 소크라테스
후자는 도스토예프스키 말씀이니 믿어야 하나, 속지 말아야 하나
글쎄, 일국루도 아니고 몇 방울 흘린 눈물인데

※ 일국루(一掬淚) : 두 눈에 가득하게 흘린 눈물이란 뜻.

가면이었다는 뜻도 돼서

대통령 눈물의 대국민담화, 그동안 대단히 보지 못했던 모습이라고

눈물 흘려야만 진솔하고 진정한 사과 말씀일까?

그동안 못봤던 모습이었다면 그간의 모습 가면이었다는 뜻도 돼서

떠오르게 해서

KTX 잦은 사고 70대중 41대가 바퀴 결함 있다니
성한 바퀴도 못믿는 세상에 우둘투둘 바퀴라면 팔만대장경의
가치없이 굴러오는 바퀴 생과 사를 상징한단 경구 떠올리게 해서

때문이지

대통령의 눈물의 호소, 울림이 부족했다는 평이던데
눈물이 부족해선가? 눈물에 물을 탔기 때문인가?
아니지, 호소 아닌 일방 전달로 끝냈기 때문이지

나올만 했네

세월호 희생자 추모 침묵집회 참가자 서울에서만 210명 연행돼
그나마 퇴로를 막는 토끼몰이식으로 체포작전을 폈다니
민중의 지팡이 아닌 정권의 지팡이란 말 나올만 했네

중국의 위상

한·미 동맹을 미·일 동맹 하부구조로 보는 시각이 있던데
일본의 위상 높아졌나, 코리아의 위상이 낮아졌나
그건 알 수 없지만 하나 알 수 있는 건 이석격석의 중국의 위상

※ 이석격석(以石擊石) : 돌로써 돌을 때린다는 뜻으로 막상막하의 힘을 두고 하는 말.

현자일까? 동혼일까?

자본 제1만능주의인 신자유주의의 국시가 되어버린 이기주의
세상이 온통 척지도 소굴인데 이타 운운이면 팔불취지
이기의 천재보다 이타의 팔불취를 사랑하면 현자일까 동혼일까?

※ 척지도(跖之徒) : 도척의 무리라는 뜻으로 이익만을 좇는 사람을 이르는 맹자에 나오는 말.

※ 팔불취(八不取) : 아무 쓸모없는 어리석은 사람을 이름.

※ 동혼(僮昏) : 무지하고 어리석기 짝이 없는 왕바보

안돼야 할 텐데

나라가 부패하면 할수록 이에 비례, 법률이 늘어난다던데
반대로 법률이 생기면 어기는 음모 또한 뒤따른다던데
국가개조도 법으로 만들 터, 두 데 데는 안돼야 할 텐데

보법을 익히는 중이다

아내의 머리맡엔 성경이, 내 머리맡엔 낡은 국어사전이 놓여있다
책속엔 길이 있고 길을 좇아 이마로 걷는 길
걸어도 걸어도 서투른, 아내와 나는 지금 보법을 익히는 중이다

행복하다

더디고 팍팍한 길일지라도 길이 있어 걷는다는 건 행복한 일이다
길을 잃고 헤매는, 고·스톱에만 길들여진 행보가 아닌
헛발질 없이 이마로 걷는 행보는 행복하다

연습 중이다

이마로 열고 가슴으로 걷는 퍽퍽한 길
퍽퍽할수록 더디고 험한 길을 걸으며 내딛는
지금 나는 마음으로 발자국을 찍는 행보 연습 중이다

행보가 그러한 것을

비록 한발짝씩 내딛는 행보일지라도
뚜벅뚜벅 헛발질 없이 걸을 수 있다면
어찌 수고로움을 탓하겠는가, 이마로 내딛는 행보가 그러한 것을

정행인 것을

앞지르기, 끼어들기, 지름길 마다않으며 앞다투는 시대에
먼길 마다않고 한발짝 한발짝 뚜벅뚜벅 걷는 고집스런 바보행
바보와 동행 자청하며 마다않는 고행이 正行인 것을

여섯 앓기

길이 아니면 걷지 않기, 걷지 않으면 안 되는 길 피하지 않기
바로 걸으며 헛발질 않기, 헛발질로 넘어지지 않기
옳지 않은 길이면 들어서지 않기, 옳은 길이면 되돌리지 않기

행보 연습

이마로 길을 내어 가슴으로 걷기
가슴으로 걸으며 이마로 발자국 찍기
찍힌 발자국 동행삼아 걷는 쉼 없는 행보 연습

한 빛깔 일색인 것을

바퀴 울퉁불퉁 하고 나사 풀어지고 신호등 고장 나고
그나마 열차 70편성 중 그 반이 넘는 41편성이 바퀴 불량
폭주병진이 어찌 KTX 바퀴뿐이겠는가, 당 · 청이 한 빛깔 일색인 것을

※ 폭주병진(輻輳并臻) : 수레바퀴통에 바큇살 모이듯 한다는 뜻으로 한 곳으로 많이 모여듦을 이르는 말.

무성한 숲을 이뤘구나

"새정부에서 낙하산 인사는 없을 것"이란 박대통령 호언
허나 정부 출범이후 공공기관장 153명 중 그 절반이 낙하산 인사
그중 관피아가 33.3%로 森森하게, 무성한 숲을 이뤘구나

더 먼저일 듯

검찰, 칼자루 대신 빗자루까지 잡아야 할 판
관피아 쓸어내는데 칼자루보다 빗자루가 더 낫지 않겠는가
헌데 문제는 관피아보다 관피아 양산한 산실 청소가 더 먼저일 듯

잴 수 없었구나

대국민담화에서 안전에 대한 무지함을 보았다던데 눈도 밝지
안전을 중용의 길이라고? 허면 중용은? 절장보단
그렇구나, 정치란 잣대에 눈금이 없어 길고 짧음을 잴 수 없었구나

※ 절장보단(絶長補短) : 긴 것은 잘라 끊고 짧은 것은 더 보탠다 함이니 알맞게 맞춘다는 뜻.

격언 꼴이나 안 될지

대국민담화 마치고 질의응답도 없이 떠난 대통령 중동행
원전 세일즈도 좋지만, 수출을 통한 국익도 좋지만
글쎄, 동냥하려다가 추수 못본다※는 격언 꼴이나 안 될지

※ 작은 것을 탐내어 다니다가 큰 것을 놓치게 됨을 이르는 우리 속담.

고민원루도 있다

눈물엔 피눈물도 있고, 미소보다 사랑스런 눈물도 있다
또 속임수로 짜낸 눈물, 행복과 슬픔의 눈물도 있다
그런가 하면 고신원루완 반대로 고민원루도 있다

※ 고신원루(孤臣寃淚) : 임금의 사랑을 잃게 된 외로운 신하의 눈물.

※ 고민원루(孤民寃淚) : 고신원루와 반대로 국민의 사랑을 잃게 된 외로운 임금이 흘리는 눈물이란 뜻의 일종의 조어.

거시기 해서

집권 새누리당 자세 낮은 포복으로 일관
헌데 포복이란 게 怖伏도 있고 匍匐도 있어서
포복절도 아니어서 다행이네만, 꼴이 좀 거시기 해서

탄환보다 강하다던데

유권자 87%가 6·4 지방선거 투표일을 기다린다던데
단단히 벼르는 걸 보면 행사해도 제대로 할 모양이다
투표는 탄환보다 강하다던데 쓰러뜨려도 제대로 쓰러뜨릴 모양이다

왕도사급이어서

얼마나 기어오르기를 잘했으면 내려오는 낙법도 그리 잘했을까
박근혜 정부가 띄운 공공기관장 153명 중 75명이 낙하산 인사
군자는 말이 적고 행동에 민첩하다더니 민첩함 왕도사급이어서

이제사 알 것 같네

MB 임기말 미군기지 오염토양 정화기준 삭제로 수천억 혈세낭비
굴욕밀실외교 감수까지 이를 두고 눈뜨고 코베인 격이라던데
한국인의 납작코 못 면한 사연 이제사 알 것 같네

소리는 요란해서

대통령은 국개론 앞세워 앞북치고 검찰은 금수원 수색 뒷북치고
북이란 게 치면 칠수록 소리가 난다※ 던데
소리 내라는 신문고는 침묵인데 앞북 뒷북 소리는 요란해서

※ 우리 속담으로 잘못된 일은 건드리면 건드릴수록 더 악화된다는 뜻.

할지요?

석상불생오곡이라 했던가, 원인보다 먼저 내논 결과 국개론
끝을 신중히 함을 처음과 같이하면 패하는 일이 없다고 했던가요
노자님 말씀은 명언인데요, 원인도 모르는데 끝을 어찌 신중히 할지요?

※ 석상불생오곡(石上不生五穀) : 돌 위엔 곡식이 나지 않는다 함이니 무슨 일이든지 반드시 원인이 있어야 결과가 있다는 뜻.

두려워하겠는가

대통령 대국민담화를 백성에게 내리는 왕의 칙령같다 했던데
짐은 국가다란 루이 14세의 말 허사 아니거든
외외탕탕의 왕도 모르지 않을터, 어찌 칙명인들 두려워하겠는가

※ 외외탕탕(巍嵬蕩蕩) : 왕도의 높고 큼을 일컫는 말.

뒷북소리 요란해서

검찰은 유병언 체포 뒷북, 야당은 대통령 담화 대응 뒷북
원님 지나간 뒤 나팔 부는 격이니 공허한 메아리
울려야 할 신문고는 침묵인데 헛메아리 뒷북소리만 요란해서

중간 길은 아닐 듯

절장보단이라 했던가, 중용지도라 했던가
가장 안전하게 가려면 한가운데 길을 택하라 했던데
헌재소장 · 감사원장 · 검찰총장, 총리까지 PK면 중간 길은 아닐 듯

※ 절장보단(絶長補短) : 긴 것은 잘라내고 짧은 것은 더 보태 알맞게 맞춘다는 중용지도를 뜻하는 말.

떨거덩 방이여서

세월호 단원고 학생 희생자완 달리 일반인 희생자 언급은 전무
이를 두고 세인들 "일반인 희생자는 제탓 아닌가"라고 입방아
헌데 고놈의 입방아란 것이 놀릴수록 말만 빼아내는 떨거덩 방이여서

비행기(非行機)도 되거든

낙하산, 낙하산 해쌌던데 낙하산이 무슨 죄
죄가 있다면 떨어뜨린 비행기에 죄가 있지
그놈의 비행기란 게 非行機도 되거든

상식이하니까 따지지

비정상의 정상화가 정부의 주어인데
비상식의 상식화도 못지않은 주어일 듯
상식이 통하면 정상·비정상, 따질 것 없거든, 상식이하니까 따지지

누구 닮지

국민을 보호하지 못하는 정부는 존재이유가 없다

서울대 교수 시국선언, 짐이 곧 국가다, 루이 14세

둘 다 정답인 시대에 단답고집하면 부달시변 못 면한 그 누구 닮지

※ 부달시변(不達時變) : 완고하여 변동이 없음.

미개는 미개지

요즘 미개가 화두던데 개명의 반대가 미개 아니던가
미개 거꾸로 풀었더니 개미데, '개미 쳇바퀴 돌 듯'
정치 악순환만 되풀이 하면 개명 아닌 미개는 미개지

? ?

KBS 기자와 PD들이 치켜든 피켓마다 길환영이던데
맞아들인다는 웰컴인가?
떠나보낸다는 고홈인가?

달지유혈이었음 좋았을 걸

모피아·관피아, 요즘 피아가 화두던데
피가 뭔가? 생명의 생피가 아니던가, 집권당 색깔 봐
핏빛 아니던가, 헌데 국민에 의한 달지유혈이었음 좋았을 걸

※ 달지유혈(撻之流血) : 매를 맞아 흘린 피.

맑음이 없다

봄부터 여름까지 연일 안개 아니면 미세먼지다
때 묻은 정치 따라 날씨가 흐리고 먼지투성인지
먼지투성이에 흐린 날씨 탓인지 반도 정치 기류엔 맑음이 없다

PK 아니던가

세상이 관피아에서 PK 시대로 넘어왔어
그래, 초달로 못 다스리면 점잖치 못하지만 발길질할 밖에
멀리 거둬 차버리는 게 PK, 페널티킥 아니던가

※ 초달(楚撻) : 어버이나 스승이 잘못을 경계하느라고 회초리로 종아리를 때림.

풀죽은 소리

사상 최악의 가뭄으로 쩍쩍 갈라지다못해 논이 탄다
농민들 왈 "선거고 뭐고 가뭄대책 해달라" 항변에
"아이고 당신들보다 더 속 타는 쪽이 우리라고요" 풀죽은 소리

지켜봐야

페널티킥으로 위기 구해 승리한 게임도 있지만
잘못 헛발질돼 승리는커녕 패배의 쓴맛 볼 수도
허긴 프리킥도사 5인방 PK, 승리할지, 패배할지는 지켜봐야

높은 것은 실업률

일자리가 복지라는 박근혜정부의 의지 고용창출
허나 대부분의 일자리란게 비정규직 아니면 시간제, 그나마
비정규직 일자리도 늘어날 가능성 낮다니 높은 것은 실업률

명언이 자꾸 떠올라서

청와대 울타리 국정원은 삭은 목익
지금은 목익 아닌 날카로운 칼끝 세워 검찰로 울타리 둘러
요새를 쌓기 때문에 공격한다※는 명언이 자꾸 떠올라서

※ 목익(木杙) : 적을 방어하기 위해 성을 비롯한 방위지역에 세웠던 끝이 뾰족한 나무울타리.

※ 로마제국의 흥망사에 나오는 E. 기번의 말.

들을 말은?

“어른들 말 곧이곧대로 들으면 안 된다”가 어른들의 화두
‘가만히 있으라’란 말 좇았다가 희생된 세월호 참사가 몰고온 화두다
국민들은 정부말 안듣고, 어린이들은 어른말 안들으면 들을 말은?

동귀이수도여서

콩 심은데 콩나고, 팥 심은데 팥난다는 만고의 진리다
덕 심은데 덕나고, 악 심은데 악난다는 어떨까? 글쎄?
진리란게 추구하는 바에 따라 각자도생과 같이 동귀이수도여서

※ 동귀이수도(同歸而殊途) : 천하의 진리는 하나이지만 그것을 추구하는 방법에는 여러 가지가 있다는 역경(易經)에 나오는 말.

다르지 않거든

대리교사, 대리운전사, 대리공사에서 대리전쟁, 대리점유
대리의사, 대리투표, 대리행위, 대리만족까지, 온통 대리판
세상이라고 다르랴, 관피아란 게 대리들과 다르지 않거든

부정은 아닌데

총리지명자 안대희 전 대법관 변호사 소득 월 3억 넘어
5개월에 16억을 벌다니 한달에 3억, 억억억에 억장 무너져
아무려면 어때, 억약부강 아닌 억강부약이면 부정은 아닌데

※ 억약부강(抑弱扶强) : 약한 자를 억누르고 강한 자를 붙잡아 도와줌.

※ 억강부약(抑强扶弱) : 강한 자를 억누르고 약한 자를 붙잡아 도와줌.

군자의 변인 것을

대통령의 '청와대 중추'와 총리지명자 '책임총리'는 대립각
'행사총리', '대독총리'는 않겠다는 '책임총리' 선언
군자불기라 했던가, 책임총리선언이 군자의 변인 것을

※ 군자불기(君子不器) : 군자는 한 가지 구실밖에 못하는 그릇 같은 존재가 아니란 뜻의 논어에 나오는 말.

높은 베개 마련해야겠다

안전의 날 만든다니 듣던중 반가운 말, 안전은 중용의 길이라던데

안전의 날 맞아 서당 열고 절장보단의 중용지도 가르쳤으면

살다보니 고침이와 즐길 날도 있겠구나, 높은 베개 마련해야겠다

※ 절장보단(絶長補短) : 긴 것은 잘라내고 짧은 것은 더 보태 길게 한다 함이니 알맞게 맞춘다는 뜻.

※ 고침이와(高枕而臥) : 마음을 편히 쉬고 잠잘 수 있다는 뜻.

가난하게 죽어

요즘 변호사들 시세없다던데 어떤 변호사는 월소득 3억 넘어
최선의 법률가는 바르게 살고, 부지런히 일하고, 가난하게
죽는다던데 아닌갑다, 월 3억 소득이면 어떻게 가난하게 죽어

달리 꼬리아겠나

국민, 정부에 대한 신뢰도 OECD국 중 27위는 그나마 다행
교육신뢰도는 29위, 사법신뢰도는 32개국 중 31위로 왕꼴찌
꼬리아가 달리 꼬리아겠나, 꼬리 잘라내지 못하니 그렇지

외면해서

청, 내각 PK로 견고한 성 구축, 구축 거꾸로 풀면 축구
축구에도 PK가 있지, 페널티킥, 헌데 페널티킥
성공이냐? 헛발질이냐? 정작 국민들은 외면해서

정치판 거짓말 경기

여·야, 약속이나 한 듯 주말 맞아 경기로 집결
무슨 볼만한 경기가 있기에 저리들 모여든 걸까? 무슨 경기긴
내놓고 속이는 정치판 거짓말 경기지

그렇지

세월호 참사 민간 잠수부 일당 100만원에 시신 1구 수습시 500만원

허긴 돈이 최고인 세상에 최고가 잘못이겠나

최고도 최고 나름, 최하위만도 못한 최고니까 그렇지

이름값도 못한

이름은 안행분데 정부 부처중 자체 재난교육은 꼴찌 안행부
안전행정부를 안이행부로 잘못안건 아닌지
지난해 신설된 미래창조과학부보다 더 못했다니, 이름값도 못한

ㄹ 하나 차이가

기레기 편대 비상 준비중인데 걸림돌로 길레기가 길을 막아
길다운 길 좇으려는 기레기와 길 아닌 길 고집하는 길레기
그렇구나, 기레기와 길레기의 ㄹ 하나 차이가 그러하구나

서랍 신세여서

박대통령 주어 경제민주화, 슬그머니 서랍 속에 넣었다던데
넣었다는 건 보관용이란 뜻
寶冠이었으면 좋았을 걸 탕건만도 못한, 그나마 서랍 신세여서

※ 보관(寶冠) : 훌륭하게 만든 보배가 되는 왕관.

진정한 강함인데

투표를 탄환보다 강하다 했던데, 그렇긴 해도 행사하기에 나름
그 나름이란 것이 상대를 쓰러뜨림이 아닌 잘못된 강자를 쓰러뜨리는
정의롭게 당긴 약자의 힘에 의한 강함이어야 진정한 강함인데

다 어디 갔는지

세월호 참사 지켜보며 정치권 어지간히 정신차린 줄 알았더니
웬걸, 네거티브 선거전 보면 정신은커녕 넋 나간 소리만 하데
나가도 죽은 기생 넋같은 넋두리, 忠魂義魂은 다 어디 갔는지

※ 충혼의혼(忠魂義魂) : 충과 의를 위해 죽은 이의 혼.

속내 안 드러내거든

서울시장 후보 전략 두고 산토끼 공략에 나선 정후보
집토끼 지키려는 박후보로 재미있게 비유했던데
요즘 토끼들은 교토삼굴에 숨어 속내 안 드러내거든

※ 교토삼굴(狡免三窟) : 교활한 토끼가 굴 셋을 뚫고 숨는다는 뜻.

•

박진환 시인은 전남 해남 출신으로 동국대 국문학과를 거쳐 중앙대 대학원을 졸업(문학박사)했다. 1960년 동아일보 신춘문예(詩) · 1963년 自由文學(문학평론)으로 문단에 데뷔했고, 국제PEN한국본부 사무국장 및 이사, 한국문협 고문을 역임했다. 제9회 시문학상, 제3회 비평문학상, 펜문학상, 윤동주문학상 등을 수상했고, 한서대학교 교수 및 예술대학원장을 역임했으며 현재 월간『조선문학』발행인 겸 주간으로 있다. 중요 저서로는 시집에『귀로』,『사랑법』,『꽃시집』,『三行詩抄』Ⅰ~Ⅺ『諷詩調』,『박진환시전집』Ⅰ · Ⅱ · Ⅲ · Ⅳ · Ⅴ · Ⅵ · Ⅶ,『物神時代』Ⅰ · Ⅱ · Ⅲ · Ⅳ · Ⅴ,『동굴일지』Ⅰ · Ⅱ · Ⅲ · Ⅳ · Ⅴ,『2012년 8월』에서『2013년 7월』까지,『풍계집 · 1』에서『풍계집 · 25』까지 76권의 시집이 있고 평론집으로『한국현대시인론』,『현대시론』,『21C시학과 시법』등 다수와『한국시의 공간구조연구』,『21C 시학』,『시창작론』,『諷詩調詩學』외 다수의 역저가 있다.

•

조선문학시인선 387

諷詩調詩集 · 51

풍諷계戒집集 · 18

2014년 8월 20일 인쇄
2014년 8월 30일 발행

지은이 / 박진환
발행인 / 박진환
펴낸곳 / 조선문학사
등록번호 / 1-2733

주소 / 120-853 서울 서대문구 통일로 389(홍제동)
전화 / 02-730-2255
팩스 / 02-723-9373

ISBN 978-89-98115-77-7

정가 10,000원